Anleitung zur Steuererklärung zum Reichsnotopfer

nach dem Gesetz vom 31. Dezember 1919.

Die amtlichen Formulare erläutert

von

Dr. Otto Kahn
Rechtsanwalt in München

Dr. Leo Blum
Syndikus in Berl

1920
München, Berlin und Leipzig
J. Schweitzer Verlag (Arthur Sellier).

Druck von Dr. F. P. Datterer & Cie., Freising-München.

Inhalt.

Vorwort.

Der große Anklang, den unsere im gleichen Verlag erschienene Anleitung zur Steuererklärung zur Kriegsabgabe vom Vermögenszuwachs gefunden hat, hat wieder bewiesen, welch großes Bedürfnis bei den Abgabepflichtigen nach einer knappen, aber doch alles Wesentliche behandelnden Erläuterung der Steuerformulare besteht. Die vorliegende Anleitung soll die Ausfüllung der Steuererklärungsformulare zum Reichsnotopfer wesentlich erleichtern, indem in allen Zweifelsfällen der Abgabepflichtige sofort bei jeder Rubrik der Formulare den entsprechenden Aufschluß findet. Eine solche Erläuterung ist bei den Steuererklärungsformularen zum Reichsnotopfer umso notwendiger, weil diese abweichend von den bisherigen Steuererklärungen zu Vermögenssteuern nach neuen Grundsätzen abgefaßt sind.

München und Berlin, im Juli 1920.

Die Verfasser.

Formblatt 8

für die Steuererklärung **natürlicher Personen.**

Bis zum 28. August 1920 ausgefüllt zurückzureichen.[1] Bei verspäteter Abgabe der Steuererklärung kann ein Zuschlag bis zu 10 v. H. der endgültig festgesetzten Steuer auferlegt werden.[2] Die Abgabe der Steuererklärung kann nach § 202 der Reichsabgabenordnung erzwungen werden.[3]

Die Zusendung dieses Vordrucks gilt zugleich als besondere Aufforderung zur Abgabe der Steuererklärung im Sinne des § 28 Abs. 2 des Gesetzes über das Reichsnotopfer. Die Steuererklärung ist daher auch dann abzugeben, wenn das steuerbare Vermögen weniger als 5000 ℳ beträgt.[4] Sämtliche Spalten sind auszufüllen. Die Prüfung, was steuerpflichtig ist und was nicht, steht dem Finanzamt, nicht dem Steuerpflichtigen zu.[5]

Finanzamt[6] ....

Reichsnotopferliste .... Nr. ....

Steuererklärung
(Natürliche Personen und Steuerpflichtige aus § 2 Abs. 1 Nr. 5 und 6 des Gesetzes — bei letzteren jedoch unter Weglassung der Bezeichnung A und des unter B angegebenen Textes).[7]

Steuererklärung[5]

für die Veranlagung d ....
(Vor- und Zuname sowie Stand)

in .... Straße / Platz Nr. ....
(Wohnort oder dauernder Aufenthalt)

zum Reichsnotopfer

nach dem Stande vom 31. Dezember 1919.

A

*) Ich — und meine Ehefrau[8,9,10,11] — ...., geborene ....
*) *Der von mir — uns — vertretene*[12,13] ....
habe — haben — *hat* — am 31. Dezember 1919 an eigenem Vermögen oder an fideikommissarischem Vermögen[14] im In- und Ausland besessen:[15,16]

	Ertragswert ℳ	Gemeiner (Verkaufs-) Wert ℳ	D. Steuerberechnung zugrunde zu legender Wert ℳ
1. [17,18] **Land- oder forstwirtschaftliche od. Gärtnereigrundstücke**[19] (z. B. Bauerngut, Stellenbesitzung, Acker, Wald, Wiese, Gärtnerei usw.) in einer Größe von (zusammen) .... ha[20] .	[21]	[22]	[23]
Zu übertragen . .			

*) Das Nichtzutreffende ist zu durchstreichen.

	Ertragswert ℳ	Gemeiner (Verkaufs-) Wert ℳ	D Steuerberechnung zugrunde zu legender Wert ℳ
Übertrag . . .			
2. **Wohnhäuser oder für gewerbliche Zwecke vermietete Grundstücke** (z. B. Zinswohnhäuser, Eigenwohnhaus mit und ohne Garten, Villa u. dgl.)[24] . . .	25	22	26
3. **Sonstige eigene Grundstücke** (z. B. Bauland, verpachtete Kies- u. Tongruben, Torfstiche, Steinbrüche usw.)[27]	28	22	29
4. **Berechtigungen, auf die die Vorschriften des bürgerlichen Rechtes über Grundstücke Anwendung finden** (z. B. Erbbaurecht, Erbpachtrecht, selbständige Gerechtigkeiten, die ein Grundbuchblatt erhalten haben)[30] .	28	31	29
5.[32] a) **Bares Geld**[33]		33	—
b) **Banknoten** sowie **Kassenscheine**[34] . . . und zwar neben dem deutschen Gelde auch fremde Geldsorten, die nach dem Wechselkurse vom 31. Dezember 1919 umzurechnen sind)		34	—
6. **Gold und Silber in Barren**[35]		35	—
7.[36] a) **Wertpapiere** (z. B. Anleihen oder Schuldverschreibungen deutscher oder nichtdeutscher Staaten, anderer öffentlicher Verbände, Eisenbahn- und Industrieschuldverschreibungen, Pfandbriefe, Aktien, Kuxe)[37]		38	—
b) **Hypotheken- und Grundschuldforderungen**[39]		40	—
c) **Sonstige Kapitalforderungen jeder Art** (insbesondere aus Wechseln, Schecks, Darlehen, Kautionen, Hinterlegungsgeldern, **Einlagen bei Sparkassen, Banken und Genossenschaften,** Abrechnungs- und Kontokorrentguthaben)[41]		42	—
Nr. 2 bis 7 zusammen . . .			
Zu übertragen . . .			

	ℳ	D. Steuerberechnung zugrunde zu legender Wert ℳ
Übertrag . . .		
8. **Geschäftsanteile** bei Gesellschaften mit beschränkter Haftung, Erwerbs- und Wirtschaftsgenossenschaften, Gewerkschaften und andere nicht unter 15 fallende Geschäftsanteile, Konsortialbeteiligungen, Einlagen als stiller Gesellschafter usw.[43]	[44]	—
9. **Bergwerksregale, Verlags-, Patent-, Gebrauchsmuster- und Urheberrechte**[45] . . .	[46]	—
10. Rechte auf **Renten und andere wiederkehrende Nutzungen und Bezüge** (z. B. Nießbrauch, Leibgedinge, Leibzucht, Altenteil oder Auszugsrecht, Ansprüche aus Rentenschulden, fortlaufende Zuschüsse):[47]		
Jährlicher Wert: .... ℳ[48]	—	
Zeitpunkt oder Ereignis, mit dessen Eintritt der Anspruch fortfällt:	—	
Falls der Anspruch mit dem Tode einer oder mehrerer Personen fortfällt, ist anzugeben, wann (Tag, Monat, Jahr) diese Personen geboren sind: .... (Der Kapitalwert ist nicht auszufüllen)	—	
11. Noch nicht fällige Ansprüche aus **Lebens-, Kapital- oder Rentenversicherungen.**[49] Kapitalwert[50]		
Der Versicherungsvertrag ist am .... abgeschlossen.[50]		
12. Nach dem 31. Juli 1914 entgeltlich erworbene **Gegenstände aus edlem Metall,**[72] **Edelsteine,**[71] **Perlen, Kunst-, Schmuck- und Luxusgegenstände sowie Sammlungen aller Art,**[51] wenn der Anschaffungspreis für den einzelnen Gegenstand 500 ℳ und darüber oder für mehrere gleichartige oder zusammengehörige[52] Gegenstände 1000 ℳ und darüber betragen hat*)		[53]
Nr. 1 bis 12 zusammen . . .		
Zu übertragen:		

*) Hierunter fallen insbesondere Werke der Plastik, Malerei und Graphik, Taschenuhren, Musikinstrumente (z. B. Klaviere, Phonographen), Billards, Waffen, photographische Apparate, Ferngläser, Personenfahrzeuge für Vergnügungs- und sportliche Zwecke (z. B. Automobile, Motor- und Seegelboote), Teppiche, Felle, Pelze, Antiquitäten, Münzen- und Briefmarkensammlungen usw.

		D. Steuerberechnung zugrunde zu legender Wert ℳ
Übertrag . . .		
Hiervon sind abzuziehen:[54]		
a) alle **Schulden und Lasten** mit Ausnahme derjenigen, die wirtschaftlich auf dem unter 13 bis 16 angegebenen Vermögen ruhen,[55] mit . . . . ℳ		
b) die Beträge, die zur Bestreitung der laufenden Ausgaben nicht geschäftlicher oder beruflicher Art für die Monate Januar, Februar und März 1920 nach Abzug der während dieser Zeit erzielten Einnahmen erforderlich waren[56], [57] . . .. ℳ		
zusammen . . .		
Bleiben . . .		[58]
Dazu treten:	ℳ	
13. **Lebendes und totes Inventar**, das der Bewirtschaftung von gepachtetem Lande dient[59] Die Größe des gepachteten Landes beträgt .... ha[61]	[60]	—
14. Vermögen,[62] das dem **Betriebe des Bergbaues oder eines Gewerbes**[63] dient, einschließlich der dazu gehörigen eigenen Grundstücke, Gebäude[64] oder Berechtigungen und des Geldkapitals, soweit es für den Bergbau- oder Gewerbebetrieb erforderlich[65] ist (z. B. Kohlen- und Erzgruben, Kaufhäuser, offene Läden, Handelsgeschäfte, Werkstätten, Kliniken, Instrumente der Ärzte usw.)	[66]	—
15. **Beteiligungen an einem Betriebe** der unter 14 genannten Art als Teilhaber (Mitunternehmer) einer offenen Handelsgesellschaft, Kommanditgesellschaft, eines Syndikats und ähnlicher Erwerbsvereinigungen[67]	[67]	—
16. Aus einem Betriebe herrührende und andere **Vorräte**, die zur Weiterveräußerung bestimmt und unter 13 bis 15 nicht berücksichtigt sind (z. B. Kleider, Schuhe, Nahrungs- und Genußmittel, wie Wein, Zigarren, Kakao usw.)[68]	[69]	—
Nr. 13 bis 16 zusammen . . .		—
Zu übertragen . . .		

		M	D. Steuerberechnung zugrunde zu legender Wert M
	Übertrag . . .		
	Auf dem unter Nr. 13 bis 16 angegebenen Vermögen ruhen **Schulden und Lasten, die nicht bereits unter 13 bis 16 berücksichtigt sind**[70].		—
	Bleiben . . .		—
	Hiervon 80 v. H. *) . . .		
17.	**Edelsteine,**[71] **Perlen** oder andere bewegliche **Gegenstände aus edlem Metall,**[72] soweit sie nicht unter 12 fallen und soweit der Gesamtanschaffungspreis 20 000 M übersteigt (insbesondere solche, die vor dem 1. August 1914 entgeltlich oder unentgeltlich erworben sind)[73]		[74]
18.	Ein **Anspruch auf Entschädigung** wegen der Liquidation oder Einbehaltung von Gütern, Rechten oder Interessen in den feindlichen Ländern a) hat am 31. Dezember 1919 bestanden in Höhe von .... M b) besteht in Höhe von .... M[75]		
	Zusammen . . .		[76]

*) Falls die Steuererklärung das Vermögen nicht natürlicher Personen[7] betrifft, sind nicht 80 v. H. des Wertes, sondern der volle Wert anzusetzen.

B. Darlegung der für die Veranlagung in Betracht kommenden Verhältnisse.[77]

(Sämtliche Fragen sind genau zu beantworten.)

Fragen:	**Antworten:**
I. Haben Sie — Hat — ihre Ehefrau — *der von Ihnen vertretene Steuerpflichtige*[13] — am 31. Dezember 1919 bei einer Bank, Sparkasse, bei einem Postscheckamt, Unternehmen, das geschäftsmäßig Bank- oder Bankiergeschäfte betreibt, bei einer Hinterlegungsstelle oder Schuldbuchverwaltung Wertsachen, ein verschlossenes Schließfach, ein Guthaben oder ein laufendes Konto gehabt?[78] Bejahendenfalls: bei welcher oder welchen Banken usw.?	**Zu I:** [79]

Fragen:	Antworten:
II. Ist in den unter A aufgeführten Vermögenswerten eine Kapitalabfindung enthalten, die als Entschädigung für den durch Körperverletzung oder Krankheit herbeigeführten gänzlichen oder teilweisen Verlust der Erwerbsfähigkeit an den Steuerpflichtigen gezahlt worden oder zu zahlen ist,[80] oder der Betrag der einmaligen Entschädigung an Kapitulanten, die auf Grund des Gesetzes über die Entschädigung der infolge der Verminderung der Wehrmacht aus dem Heere, der Marine und den Schutztruppen ausscheidenden Kapitulanten vom 13. September 1919 (Reichs-Gesetzbl. S. 1659 ff.) gezahlt worden oder zu zahlen ist?[81] Bejahendenfalls: In welcher Höhe, wann und von wem ist der Betrag gezahlt worden oder noch zu zahlen? (Falls er bereits gezahlt ist: An welcher Stelle ist der Betrag unter A berücksichtigt?)[82]	Zu II:
III. Sind unter den Schulden und Lasten Sicherungshypotheken aufgeführt worden und zwar in welcher Höhe? Bejahendenfalls: Wie hoch war am 31. Dezember 1919 die der Sicherungshypothek zugrunde liegende Schuld?[83]	Zu III:
IV. Haben Sie — Hat — Ihre Ehefrau — *der von Ihnen vertretene Steuerpflichtige* — infolge des Krieges Kleidungsstücke oder Haushaltungsgegenstände verloren, für die Neuanschaffungen am 31. Dezember 1919 noch nicht erfolgt waren?*)[84] Bejahendenfalls: In welchem Werte?[85]	Zu IV:

*) Vgl. § 60 des Gesetzes. Dieser lautet: Bei allen Steuerpflichtigen, die infolge des Krieges Kleidungsstücke oder Haushaltungsgegenstände verloren haben, bleibt, soweit noch keine Neuanschaffungen erfolgt sind, das Vermögen in Höhe des Wertes der verlorenen Kleidungsstücke und Haushaltungsgegenstände, jedoch nicht über 50 000 ℳ, steuerfrei.

Sind diese Gegenstände oder ein Teil derselben unter einem feindlichen Zwange veräußert, so gilt der Betrag, um den ihr Wert höher ist

Der Wert der geschenkt oder unentgeltlich zugewendet erhaltenen Gegenstände ist unter A der Steuererklärung nicht abzuziehen. Die geschenkt oder zugewendet erhaltenen Gegenstände der unter A bezeichneten Art sind dort mitzuberücksichtigen.

Fragen:	Antworten:
V.[86] Haben Sie — Hat — Ihre Ehefrau — *der von Ihnen vertretene Steuerpflichtige* — nach dem 31. Dezember 1916[87]	
a) an direkte Abkömmlinge,[88] Eltern oder Voreltern Schenkungen[89] gemacht? Bejahendenfalls sind anzugeben: Name, Stand und Wohnung des Beschenkten, sein Verwandtschaftsverhältnis zum Schenker, Gegenstand, Wert[90] und Zeitpunkt der Schenkung.	**Zu Va:**
b) an direkte Abkömmlinge,[88] Eltern oder Voreltern freigebige Zuwendungen unter Lebenden gemacht, durch die der Bedachte auf Kosten des Zuwendenden mit dessen Willen bereichert worden ist[91] [z. B. Ausstattungen (nicht Aussteuer)]?[92] (Die Übernahme von nicht geldwerten Gegenleist. steht d. Annahme einer Bereicherung nicht entgegen.) Bejahendenfalls sind anzugeben: Name, Stand und Wohnung des Bereicherten, sein Verwandtschaftsverhältnis zum Zuwendenden, Gegenstand, Wert[93] und Zeitpunkt der Zuwendung.	**Zu Vb:**
c) Stiftungen errichtet oder bedacht, deren Erträgnisse — Ihnen, Ihrer Ehefrau oder Ihren Abkömmlingen — *dem von Ihnen vertretenen Steuerpflichtigen, seiner Ehefrau oder seinen Abkömmlingen* — ganz oder teilweise gebühren?[94] Bejahendenfalls sind anzugeben: Name und Sitz der Stiftung, Tag der Errichtung oder Zuwendung, Gegenstand und Wert[90] des zugewendeten Vermögens, Name, Stand und Wohnung der Person oder Bezeichnung, Sitz und Aktenzeichen der Behörde, welche die Stiftung verwaltet.	**Zu Vc:**

als der Erlös, als verloren. Der Erlös bleibt steuerfrei. Neben ihm darf aber eine Steuerfreiheit für den Wert der verlorenen Gegenstänge nur insoweit eintreten, als dieser einschließlich des Erlöses 50000 ℳ nicht übersteigt.

Das Vermögen ist unter A in voller Höhe anzugeben. Der im § 15 Abs. 1 Nr. 8 des Gesetzes*) bezeichnete Abzug wird von dem Finanzamt vorgenommen werden. Der Steuerpflichtige hat daher den Abzug **nicht** vorzunehmen. Macht er ihn doch, so kann er bestraft werden.

Fragen:	Antworten:
d) Schenkungen[89] oder Zuwendungen der unter b bezeichneten Art[91] erhalten?[95] Bejahendenfalls sind anzugeben: Name, Stand und Wohnung des Gebers, Verwandtschaftsverhältnis zum Geber, Gegenstand, Wert[90] und Zeitpunkt der Schenkung oder Zuwendung.	**Zu V d:**
VI.[96] a) Wie alt — waren Sie — *war der von Ihnen vertretene Steuerpflichtige* — am 31. Dezember 1919?	**Zu VI a:**
b) Hatten Sie — *hatte der von Ihnen vertretene Steuerpflichtige* — am 31. Dezember 1919 Anspruch[97] auf Pension oder Hinterbliebenenfürsorge?	**Zu VI b:**
c) Beantragen Sie, daß Ihnen — *dem von Ihnen vertretenen Steuerpflichtigen* — gemäß § 27 Abs. 1 des Gesetzes über das Reichsnotopfer*) die ganze Steuer zinslos gestundet wird? Bejahendenfalls: Wieviel beträgt — Ihr und Ihrer Ehefrau Jahreseinkommen — *das Jahreseinkommen des von Ihnen vertretenen Steuerpflichtigen?* Womit begründen Sie sonst diesen Stundungsantrag? (Die Bewilligung der zinslosen Stundung der ganzen Steuer hat den Fortfall der Vergünstigung des § 15 Abs. 1 Nr. 8 des Gesetzes über das Reichsnotopfer*) zur Folge.)	**Zu VI c:**

*) Der § 15 Abs. 1 Nr. 8 des Gesetzes lautet: Von dem Vermögen sind abzuziehen bei den Steuerpflichtigen mit einem steuerbarem Vermögen von nicht mehr als 150 000 ℳ, die keinen Anspruch auf Pension oder Hinterbliebenenfürsorge haben:

a) im Alter von 45 bis 60 Jahren ein Viertel,
b) im Alter über 60 Jahre ein Drittel

des steuerbaren Vermögens bis zu 50 000 ℳ. Für das überschießende Vermögen bis zu weiteren 50 000 ℳ ist zu a ein Fünftel, zu b ein Viertel abzuziehen.

Diese Vergünstigung tritt nicht ein, falls gemäß § 27 Abs. 1 die ganze Steuer zinslos gestundet wird.

Der § 27 Abs. 1 des Gesetzes lautet: Einem Steuerpflichtigen, dessen

Fragen:	Antworten:
VII. a) Waren Sie — *war der von Ihnen vertretene Steuerpflichtige* — am 31. Dezember 1919 ledig, verheiratet, verwitwet oder geschieden?[98]	**Zu VII a:**
b) Falls sie verheiratet waren *oder dies bei dem von Ihnen vertretenen Steuerpflichtigen der Fall war*: Ist in der Steuererklärung auch alles das angegeben, was Ihrem — *seinem* — Ehegatten am 31. Dezember 1919 gehört hat?[99] Verneinendenfalls: Lebten Sie — *Lebte der von Ihnen vertretene Steuerpflichtige* — am 31. Dezember 1919 von — Ihrem — *seinem* — Ehegatten getrennt mit der Absicht einer nicht bloß vorübergehenden Aufhebung der ehelichen Lebensgemeinschaft?[8]	**Zu VII b:**
c) Falls Sie am 31. Dezember 1919 verheiratet, verwitwet oder geschieden waren, *oder dies bei dem von Ihnen vertretenen Steuerpflichtigen der Fall war*:[100]	
1. Wieviel Kinder[101] von — Ihnen und Ihrer lebenden Ehefrau — *dem von Ihnen vertretenen Steuerpflichtigen und seiner lebenden Ehefrau* — lebten am 31. Dezember 1919?	**Zu VII c 1:**
2. Wieviel Kinder von — Ihnen — und Ihrer lebenden Ehefrau — *dem von Ihnen vertretenen Steuerpflichtigen — und seiner lebenden Ehefrau* — sind vor dem 31. Dezember 1919 unter Hinterlassung von Abkömmlingen verstorben, die an diesem Tage gelebt haben?	**Zu VII c 2:**

steuerbares Vermögen nicht über 100 000 ℳ und dessen Jahreseinkommen nicht über 5000 ℳ beträgt, ist die Steuer auf Antrag ganz oder teilweise zinslos zu stunden, falls er ohne Gefährdung des Lebensunterhalts zur Entrichtung der Steuer nicht imstande ist. Im übrigen kann einem Steuerpflichtigen die Steuer ganz oder teilweise zinslos gestundet werden, falls sich bei billiger Berücksichtigung seiner wirtschaftlichen Verhältnisse die Einziehung und Verzinsung als eine besondere Härte erweist. Über den Stundungsanspruch wird im Beschwerdeverfahren entschieden.

Fragen:	**Antworten:**
3. Wieviel der zu VII c 1 und 2 bezeichneten Kinder stammen aus der Ehe mit einem von Ihnen getrennt lebenden Ehegatten oder aus einer Ehe mit dem von Ihnen geschiedenen und noch lebenden früheren Ehegatten? [102]	**Zu VII c 3:**
4. Haben die unter VII c 1 bezeichneten Kinder, soweit sie minderjährig sind, am 31. Dezember 1919 ein eigenes Vermögen von mehr als 5000 ℳ besessen? [103]	**Zu VII c 4:**
Bejahendenfalls:	
α) Welches von ihnen? (Name, Vorname, Stand und Wohnung des Kindes).	**Zu VII c 4 α:**
β) In welcher Höhe?	**Zu VII c 4 β:**
VIII. Wo — hatten Sie — und Ihre Ehefrau — *hatte der von Ihnen vertretene Steuerpflichtige* — am 31. Dezember 1913 — Ihren — *seinen* — Wohnsitz (Ort, Straße und Hausnummer)? [104]	**Zu VIII:**

Ich — Wir — versicher........, die vorstehenden Angaben nach bestem Wissen und Gewissen gemacht zu haben*). [105]

.................................., den .... 192......

Steuererklärungen ohne Unterschrift gelten als nicht abgegeben.

....

(Unterschrift)

(Leben die Ehegatten zusammen, so ist die Erklärung auch von der Ehefrau zu unterzeichnen.) [106]

---

*) Die Hinterziehung des Reichsnotopfers, die Begünstigung oder Beihilfe hierzu, der Versuch der Hinterziehung und die Steuerhehlerei werden mit Geldstrafen vom einfachen bis zum dreifachen Betrage der hinterzogenen Steuer sowie mit Gefängnis und Verlust der bürgerlichen Ehrenrechte bestraft; auch kann die Bestrafung auf Kosten des Verurteilten öffentlich bekanntgemacht werden. **Vermögen, das bei der Veranlagung zum Reichsnotopfer vorsätzlich verschwiegen wird, verfällt zugunsten des Reichs.**

Unrichtige Angaben erstattet auch derjenige, der Punkte des Vordrucks durchstreicht, obwohl er eine Erklärung hätte abgeben sollen. Unvollständig ist die Erklärung auch dann, wenn der Vordruck ganz oder teilweise nicht ausgefüllt wird.

Die obige Versicherung bezieht sich auch auf die Richtigkeit der etwa beigefügten Bescheinigungen oder Vermögensaufstellungen.

Erläuterungen zum Formblatt 8.

1. Die Einreichung der Steuererklärung hat bis zum 28. August 1920 zu erfolgen.

Die Frist zur Einreichung der Steuererklärung kann auf Antrag vom Finanzamt verlängert werden; das Finanzamt kann die Verlängerung von einer Sicherheitsstellung abhängig machen. Der Antrag auf Verlängerung der Frist ist entsprechend zu begründen, z. B. nicht rechtzeitige Fertigstellung einer Bilanz, Verzögerung der Wertpapierberechnungen seitens der Bank, nicht rechtzeitiger Abschluß der für die Feststellung tatsächlicher Unterlagen notwendigen Ermittelungen.

Wird der Antrag auf Verlängerung der Frist zur Einreichung der Steuererklärung vom Finanzamt abgelehnt, so ist Beschwerde zum Oberfinanzamt zulässig; gegen die Beschwerdeentscheidung des Oberfinanzamtes ist eine weitere Beschwerde nicht zulässig, es sei denn, daß die Verpflichtung zur Abgabe einer Steuererklärung überhaupt bestritten wird.

Die Frist gilt grundsätzlich auch für solche Abgabepflichtige, die sich im Auslande aufhalten. Bei Steuerpflichtigen, die sich in außereuropäischen Ländern und Gewässern befinden, läuft die Frist zur Einreichung der Steuererklärung bis zum 28. Dezember 1920, es sei denn, daß Bevollmächtigte oder Betriebsleiter im Inlande vorhanden sind; im letzteren Fall läuft die Frist am 28. August 1920 ab.

Erschwert oder vereitelt ein im Ausland sich aufhaltender Abgabepflichtiger die Veranlagung des Reichsnotopfers dadurch, daß er seine Steuererklärung nicht rechtzeitig abgibt, so kann sein im Inland befindliches Vermögen mit Beschlag belegt werden. Über sonstige Zwangsmittel vgl. Bem. 2 und 3.

Die Landesfinanzämter können für ihren Bezirk mit Zustimmung des Reichsministers der Finanzen die Frist allgemein verlängern, soweit besondere Verhältnisse ihre Innehaltung unmöglich machen.

Die Steuererklärungen können schriftlich eingereicht oder mündlich vor dem Finanzamt abgegeben werden. Gibt der Steuerpflichtige die Erklärung mündlich ab, so werden die Fragen des Vordrucks in Protokollform vom Steuerpflichtigen zu beantworten sein. Auch in diesem Fall hat der Steuerpflichtige zu versichern, daß er seine Angaben nach bestem Wissen und Gewissen gemacht hat.

2. Der Zuschlag kann nur auferlegt werden, wenn die Steuererklärung verspätet, d. h. nicht innerhalb der allgemeinen oder der durch das Finanzamt verlängerten Frist abgegeben ist.

Der Zuschlag wird vom Finanzamt festgesetzt. Das Finanzamt hat den Zuschlag zu unterlassen oder zurückzunehmen, wenn die Versäumnis entschuldbar erscheint.

Der Zuschlag kann bis zur Höchstgrenze von 10% der festgesetzten Steuer bemessen werden.

3. Als Zwangsmittel kann nur Geldstrafe in Betracht kommen; unmittelbarer Zwang ist nicht möglich. Die einzelne Geldstrafe darf 500 Mk. nicht übersteigen; mit der Geldstrafe ist die Dauer der Haft festzusetzen, die für den Fall des Unvermögens an die Stelle der Geldstrafe treten soll. Die Haft darf vier Wochen nicht übersteigen. Auf die Strafe kann wiederholt erkannt werden.

Bevor die Zwangsmittel festgesetzt werden, muß der Pflichtige unter Androhung der Geldstrafe mit Setzung einer angemessenen Frist zur Vornahme der Abgabe der Steuererklärung aufgefordert werden.

Gegen die Androhung der Zwangsstrafe ist Beschwerde zum Landesfinanzamt zulässig; gegen die Beschwerdeentscheidung des Landesfinanzamtes Rechtsbeschwerde zum Reichsfinanzhof. Wegen Verhängung und Ausführung der Zwangsstrafe ist dagegen die Rechtsbeschwerde nur insoweit zulässig, als in der angefochtenen Entscheidung eine Androhung enthalten ist und der Verhängung oder Ausführung der Strafe keine besondere Anordnung oder Androhung vorausgegangen ist.

4. Nach dem Reichsnotopfergesetz haben natürliche Personen nur dann eine Steuererklärung abzugeben, wenn das steuerbare Vermögen am 31. Dezember 1919 5000 Mk. oder darüber betrug.

Das Finanzamt ist jedoch berechtigt, von jedem Abgabepflichtigen die Abgabe einer Steuererklärung binnen einer Frist von mindestens vier Wochen zu verlangen. Die Zusendung des Vordrucks gilt als solche besondere Aufforderung zur Abgabe der Steuererklärung.

5. Alle Fragen sind zu beantworten. Die Antworten sind so zu fassen, daß die Prüfung, was steuerpflichtig ist und was nicht, dem Finanzamt ermöglicht wird. Auch wenn das Gesetz die Steuerfreiheit eines Vermögensgegenstandes feststellt, hat der Steuerpflichtige auf Frage den Gegenstand anzugeben. Nicht der Steuerpflichtige, sondern das Finanzamt hat über die Steuerpflicht zu entscheiden.

Die Steuererklärung ist nach Anleitung des Formblatts zu gestalten; dem Abgabepflichtigen steht es frei, dem Formblatt Bemerkungen beizufügen.

Zur Vermeidung von Beanstandungen ist es geboten, die einzelnen Teile des Vermögens (mithin die verschiedenen Grundstücke, Betriebe und die einzelnen Posten des Kapitalvermögens), sowie die Schulden und Lasten in einem der Steuererklärung beizufügenden Verzeichnis unter Angabe ihres Wertes einzeln aufzuführen. Hierbei sind bei den Forderungen die Schuldner, bei den Schulden und Lasten dagegen die Gläubiger nach Namen, Stand und Wohnung genau zu bezeichnen. Soweit es sich um ausländisches Grund- oder Betriebsvermögen oder um Kapitalvermögen handelt, das ausschließlich auf eine ausländische Währung lautet, ist dies in der Steuererklärung oder in dem dieser beizufügenden Verzeichnis anzugeben.

6. Zuständig ist das Finanzamt, in dessen Bezirk der Steuerpflichtige seinen Wohnsitz, oder wenn er im Inlande keinen Wohnsitz hat, seinen gewöhnlichen Aufenthalt hat. Bei mehrfachem Wohnsitz im Inland ist der Wohnsitz, der mit einem dienstlichen Wohnsitz zusammenfällt, vor einem andern Wohnsitz, der Wohnsitz im Heimatstaate vor dem Wohnsitz in einem andern Land und, wenn keiner dieser Fälle vorliegt, der Wohnsitz an dem Orte maßgebend, wo sich der Steuerpflichtige vorwiegend aufhält.

Bei Steuerpflichtigen, die zur Zeit der Ermittelung der Steuer weder einen Wohnsitz, noch ihren gewöhnlichen Aufenthalt im Inlande haben, ist das Finanzamt zuständig, in dessen Bezirk der Steuerbevollmächtigte seinen Wohnsitz oder Aufenthalt hat; fehlt es an einem solchen, so ist das Finanzamt zuständig, in dessen Bezirk sich Vermögen des Steuerpflichtigen befindet, und wenn dies für mehrere Finanzämter zutrifft, in dessen Bezirk sich der größte Teil des Vermögens befindet.

Ein Steuerpflichtiger, der von mehreren Finanzämtern zur Abgabe einer Steuererklärung aufgefordert wird, ist nur verpflichtet, einem Finanzamt die Steuererklärung abzugeben; den anderen Finanzämtern hat er gleichzeitig mitzuteilen, welchem Finanzamt er eine Steuererklärung abgegeben hat.

7. Zur Abgabe der Steuererklärung sind zwei verschiedene Formblätter vorgesehen, das vorliegende Formblatt 8 und das folgende Formblatt 9.

Das vorliegende Formblatt 8 ist von natürlichen Personen zu benutzen; ferner von allen inländischen juristischen Personen des bürgerlichen und öffentlichen Rechts, soweit sie nicht Aktiengesellschaften, Kommanditgesellschaften auf Aktien, Kolonialgesellschaften, Berggewerkschaften, Gesellschaften mit beschränkter Haftung, Versicherungsvereine a. G., eingetragene Genossenschaften, landschaftliche, ritterschaftliche und ähnliche Kreditanstalten sind; letztere haben die Steuererklärung nach Formblatt 9 abzugeben; vgl. Bem. 5 zu Formblatt 9. Es kommen also für das vorliegende Formblatt 8 außer den physischen Personen in Frage: die rechtsfähigen Vereine des Bürgerlichen Gesetzbuches, Stiftungen, Zweck- und Sammelvermögen, Realgemeinden und ähnliche Verbände, deren Mitglieder an land- und forstwirtschaftlichen Grundstücken, an Mühlen, Bräuhäusern und ähnlichen Anlagen berechtigt sind; die alten hamburgischen Testamente, Innungen, Wassergenossenschaften, Fischereigenossenschaften usw.

Bei diesen juristischen Personen und Zweckvermögen sind die Fragen unter B des Formblatts 8 nicht zu beantworten.

8. Für die Veranlagung der Vermögensabgabe wird das Vermögen der Ehegatten zusammengerechnet, soweit sie nicht am 31. Dezember 1919 dauernd voneinander getrennt lebten.

Das zwischen den Ehegatten vereinbarte Güterrecht ist unerheblich; das Gesamtgut der etwa bestehenden Gütergemeinschaft ist als einheitliche Vermögensmasse zu behandeln.

Die Schulden sind in gleicher Weise ohne Rücksicht darauf, ob sie nur dem Vermögen des Mannes oder auch dem der Frau zur Last fallen, anzugeben. Die Ersatzansprüche der Ehegatten untereinander bleiben bei der Steuererklärung außer Betracht, ebenso das dem Ehemann zustehende familienrechtliche Nutznießungsrecht am Frauenvermögen.

Bei Aufführung der einzelnen Vermögensgegenstände ist nicht anzugeben, ob sie dem Ehemann oder der Ehefrau zustehen.

Ob die Ehegatten am Stichtag dauernd getrennt lebten, ist nach den tatsächlichen Umständen zu beurteilen. Dauernde Trennung erfordert völliges Getrenntsein, herbeigeführt in der erkennbaren Absicht, die Trennung für längere Dauer festzuhalten. Ob die Trennung gerichtlich angeordnet ist oder nicht, ist ohne Belang.

Lebten die Ehegatten am Stichtag dauernd getrennt, so haben beide Ehegatten gesonderte Steuererklärungen abzugeben. Hierbei ist das Vermögen einem jeden Ehegatten nach Verhältnis seines Anteils zuzurechnen.

9. Bei der fortgesetzten Gütergemeinschaft hat jeder Teilnehmer an der Gemeinschaft seinen Anteil in seine Steuererklärung aufzunehmen und zwar mit dem Betrag, der auf ihn bei der Auseinandersetzung der Gemeinschaft am 31. Dezember 1919 entfallen würde; das gleiche gilt hinsichtlich der Schulden und Lasten der Gemeinschaft.

10. Bei ungeteilter Erbengemeinschaft hat jeder Miterbe seinen Anteil an dem ungeteilten Nachlaß in seine Steuererklärung aufzunehmen und zwar mit dem Betrag, der auf ihn bei der Auseinandersetzung des Nachlasses am 31. Dezember 1919 entfallen würde; der gleiche Grundsatz gilt hinsichtlich der Schulden und Lasten der Erbengemeinschaft. Der Miterbe hat die Steuererklärung abzugeben, nicht der Testamentsvollstrecker oder Nachlaßpfleger, wenn der Erbfall vor dem 1. Januar 1920 eingetreten ist.

11. Für einen nach dem 31. Dezember 1919, aber vor Abgabe der Steuererklärung verstorbenen Steuerpflichtigen ist die Steuererklärung, wenn ein ohne Beschränkung auf einzelne Gegenstände bestellter Testamentsvollstrecker oder ein Nachlaßpfleger die Verwaltung des Nachlasses übernommen hat, von dieser Person, andernfalls von den Erben abzugeben.

Hat von mehreren Erben einer dem Finanzamt gegenüber die Erfüllung der den Erben obliegenden Verpflichtung zur Abgabe der Steuererklärung übernommen, so ist die Aufforderung zur Abgabe der Steuererklärung nur an ihn, andernfalls nach dem Ermessen des Finanzamtes nur an einen von ihnen zu richten.

12. Die Steuererklärung kann durch gesetzliche oder nach Maßgabe der Reichsabgabenordnung auch durch gewillkürte Bevollmächtigte abgegeben werden.

Die gesetzliche Vertretung für Minderjährige, unter Vormundschaft oder Pflegschaft stehende natürliche Personen und für juristische Personen bestimmt sich nach den Vorschriften des bürgerlichen Rechts.

Die Reichsabgabenordnung bürdet den Vertretern in weitem Umfange eine Haftung für die Erfüllung der Steuerpflichten, auch der Steuererklärungspflicht des Vertretenen auf.

Die gewillkürte Vertretung ist durch die Reichsabgabenordnung eingeschränkt. Nur wer durch Abwesenheit oder sonst verhindert ist, die Steuererklärung abzugeben, kann dies durch Bevollmächtigte tun.

Bevollmächtigte, die aus der Erteilung von Rat und Hilfe in Steuersachen ein Geschäft machen, können zurückgewiesen werden; dies gilt jedoch nicht für Rechtsanwälte und Notare, sowie auch nicht für Vertreter beruflicher oder gewerkschaftlicher Vereinigungen hinsichtlich des von ihnen in dieser Eigenschaft vertretenen Personenkreises.

Den Finanzämtern bleibt unbenommen, sich neben dem Bevollmächtigten an den Steuerpflichtigen selbst zu wenden.

Auch der gewillkürte Vertreter hat weitgehende Haftung für die Richtigkeit der Steuererklärung; für Zwangsstrafe, die gegen ihn festgesetzt wird, haftet auch der Vertretene.

13. Für jedes minderjährige Kind mit eigenem Vermögen, mag es unter elterlicher Gewalt stehen oder nicht, muß eine selbständige Steuererklärung abgegeben werden.

Der Wert des gesetzlichen Nutznießungsrechts des Inhabers der elterlichen Gewalt ist von dem Werte des Kindesvermögens nicht in Abzug zu bringen, von dem Nutznießer nicht in seiner Steuererklärung aufzuführen.

14. Der Inhaber eines Fideikommisses, Lehens- oder Stammgutes, eines Hausgutes oder eines sonstigen nach landesgesetzlichen Vorschriften gebundenen Vermögens gilt als Eigentümer; das gebundene Vermögen ist mit dem freien Vermögen des Inhabers einheitlich anzugeben, eine Ausscheidung hat nicht zu erfolgen. Gleiches gilt für die Schulden und Lasten.

15. Das Reichsnotopfergesetz unterwirft einer unbeschränkten Steuerpflicht mit dem gesamten inländischen und ausländischen Vermögen die Angehörigen des Deutschen Reiches mit Ausnahme eines Teils der Auslandsdeutschen; ferner Staatenlose, die in Deutschland ihren Wohnsitz oder in Ermangelung eines Wohnsitzes ihren dauernden Aufenthalt haben, sowie Angehörige fremder Staaten, welche die deutsche Staatsangehörigkeit erst nach dem 31. Juli 1914 verloren haben, unter der Voraussetzung, daß sie in Deutschland ihren Wohnsitz oder dauernden Aufenthalt haben.

Beschränkt steuerpflichtig insofern, als sie von der Abgabe hinsichtlich des ausländischen Grund- und Betriebsvermögens befreit sind, sind Angehörige außerdeutscher Staaten, die sich im Deutschen Reich dauernd des Erwerbs halber aufhalten.

Nur mit dem inländischen Grund- und Betriebsvermögen und mit den im Art. 297i des Friedensvertrags vorgesehenen Entschädigungen sind abgabepflichtig alle nicht unbeschränkt steuerpflichtigen natürlichen Personen ohne Rücksicht auf Staatsangehörigkeit, Wohnsitz oder Aufenthalt.

16. Inland ist das Gebiet des Deutschen Reiches nach dem Stand vom 31. Dezember 1919. Nicht zum Gebiete des Deutschen Reichs gehörten am Stichtag nach den Bestimmungen des Friedensvertrags: Moresnet; Elsaß-Lothringen; ein Teil von Schlesien; das nach Art. 27 Nr. 7 und Art. 87 des Friedensvertrags an Polen übergegangene Gebiet; Memel; die freie Stadt Danzig.

17. Das Formblatt 8 zum Reichsnotopfer hat mit der bei den bisherigen Vermögenserklärungen üblichen dogmatischen Einteilung in die Kategorien des Grund-, Betriebs- und Kapitalvermögens, der Schulden und Renten mit Recht gebrochen. Es zählt die einzelnen Vermögensgegenstände unter A auf und stellt die für die Veranlagung erforderlichen Einzelfragen unter B. Dadurch ist das Formblatt zweifellos übersichtlicher und für den Laien brauchbarer, als die früheren Formblätter. Vgl. Bem. 8 zu Formblatt 9.

18. Die Ziffern 1 bis 4 enthalten das Grundvermögen im Sinne des Notopfergesetzes: Grundstücke einschließlich des Zubehörs und Berechtigungen, auf welche die Vorschriften des bürgerlichen Rechts über Grundstücke Anwendung finden.

Die Einteilung in vier Rubriken ist unter dem Gesichtspunkte der für die einzelnen Gruppen verschiedenen Bewertungsarten erfolgt.

Daß zu den Grundstücken und Gebäuden auch die Bestandteile z. B. stehendes Holz, Früchte auf dem Halm, Fensterrahmen, regelmäßige Öfen usw. gehören, bedarf keiner Hervorhebung.

Zum Grundvermögen gehören jedoch auch Zubehörstücke, d. s. bewegliche Sachen, die, ohne Bestandteil der Hauptsache zu sein, dem wirtschaftlichen Zwecke der Hauptsache zu dienen bestimmt sind und zu ihr in einem dieser Bestimmung entsprechenden räumlichen Verhältnisse stehen, z. B. eigenes Inventar auf eigenen Grundstücken, Vieh, Zentralheizungsanlagen, elektrische Lichtanlage. Grunddienstbarkeiten sind Bestandteile des herrschenden Grundstücks.

19. Soweit unbeschränkte Steuerpflicht besteht, sind inländische und ausländische Grundstücke aufzuführen. Die der Land- und Forstwirtschaft oder der Gärtnerei dienenden Gebäude und Betriebsmittel sind nicht gesondert aufzuführen; dies gilt auch für die vom Gutsinhaber bewohnten Gebäude.

20. Der gesamte land- oder forstwirtschaftliche Grundbesitz ist zusammenfassend im Gesamtflächenmaß anzugeben. In das Formblatt sind die einzelnen Wirtschaftseinheiten im Gegensatz zu den früheren Steuererklärungen nicht aufzunehmen. Jedoch ist es empfehlenswert, zur Vermeidung von Beanstandungen die verschiedenen Grundstücke nach Wirtschaftseinheiten gesondert in einer Beilage zum Formblatt aufzuführen; vgl. Bem. 5.

Ob eine Wirtschaftseinheit vorliegt, entscheidet sich nach wirtschaftlichen Gesichtspunkten. Gleichartigkeit der Benutzung und räumliche Geschlossenheit sind weder erforderlich, noch genügend. Unerheblich ist, ob das Grundstück auf einem oder verschiedenen Grundbuchblättern eingetragen ist. Auch die vom Hauptbetrieb wirtschaftlich abhängigen land- und forstwirtschaftlichen Nebenbetriebe gehören zur Wirtschaftseinheit.

In der nicht vorgeschriebenen, jedoch empfehlenswerten Beilage zum Formblatt genügt für die einzelne Wirtschaftseinheit die Bezeichnung Wohnhaus, Landhaus, Ökonomie, Bauplatz, Wald usw.

Es wird kein Bedenken bestehen, an Stelle der Hektar, Ar, Quadratmeter, Dezimalen die Tagwerkszahl in das Formblatt aufzunehmen.

21. Der Ertragswert ist neben dem gemeinen Wert anzugeben. In der dritten Rubrik ist der Wert einzusetzen, der, soweit dem Steuerpflichtigen ein Wahlrecht eingeräumt ist, vom Steuerpflichtigen für die Bewertung gewählt werden will.

Bei land- und forstwirtschaftlichen und Gärtnereigrundstücken ist der Ertragswert in folgender Weise zu berechnen:

Der Reinertrag, den die Grundstücke nach ihrer wirtschaftlichen Bestimmung bei ordnungsmäßiger und gemeinüblicher Bewirtschaftung unter gewöhnlichen Verhältnissen mit entlehnten fremden Arbeitskräften im Durchschnitt nachhaltig gewähren können, ist zu ermitteln.

Der durchschnittliche Ertrag ist zugrunde zu legen. Das vom Landwirt erzielte Einkommen aus seiner Arbeit ist vom Ertrag des Grundstückes auszuscheiden. An den Erträgnissen ist der Betrag abzuziehen, den der Selbstbewirtschafter zu zahlen hätte, wenn an seiner Stelle andere Personen die Arbeit verrichtet hätten.

Mehrerträge, die infolge außergewöhnlicher Bewirtschaftungsweise erzielt sind, bleiben außer Betracht; ebenso Mindererträge, die auf nachlässige Bewirtschaftung seitens des Bewirtschafters zurückzuführen sind.

Auf wieviel Jahre bei Berechnung des Durchschnittsertrags zurückgegriffen werden soll, ist im Gesetz nicht zum Ausdruck gekommen. Die Finanzämter werden hier noch Anhaltspunkte zu geben haben.

Die Werbungskosten sind vom Reinertrag abzuziehen, so Ausgaben für Beschaffung von Saatgut, Dünger, alle Löhne, jede Art Reparaturkosten, Versicherungskosten usw. Bei Waldungen kann von einem allenfalls vorliegenden Operat ausgegangen werden.

Als Ertragswert für die Veranlagung zum Reichsnotopfer gilt das Zwanzigfache des hienach festgestellten Reinertrags.

Schuldzinsen für Hypotheken sind bei Berechnung des Reinertrags nicht zu berücksichtigen; ebensowenig sind Schulden und Lasten bei der Feststellung des Ertragswerts in Abzug zu bringen.

22. Der gemeine Wert wird durch den Preis, der im gewöhnlichen Geschäftsverkehr nach der Beschaffenheit des Gegenstands unter Berücksichtigung aller den Preis beeinflussenden Umstände bei einer Veräußerung zu erzielen wäre, unter Ausschaltung ungewöhnlicher oder lediglich persönlicher Verhältnisse bestimmt; Verfügungsbeschränkungen, denen der Steuerpflichtige aus Gründen, die in seiner Person oder der Person seiner Rechtsvorgänger liegen, unterworfen ist (z. B. letztwillige Anordnung usw.), gelten als lediglich persönliche Verhältnisse.

Die Geldentwertung wird zu einer Steigerung der den gemeinen Wert ausdrückenden Preisziffer führen. Vgl. Bem. 31 zu Formblatt 9.

Um den gemeinen Wert festzustellen, sind Verkäufe ähnlicher Objekte in letzter Zeit heranzuziehen; ferner Verpachtungen ähnlicher Güter, bisherige Steuereinschätzungen, Brandversicherungssummen usw. Bei Heranziehung der Feuerversicherungssumme ist zu berücksichtigen, daß die Grundmauern der Gebäude regelmäßig nicht gegen Feuer versichert sind, ebensowenig selbstverständlich die Grundflächen.

Vom ermittelten gemeinen Wert sind Hypotheken, Grundschulden, Rentenschulden und Reallasten nicht in Abzug zu bringen. Diese Schulden und Lasten sind in einer besonderen Abteilung des Formblattes aufzuführen.

23. Der Steuerberechnung ist bei dauernd der Land- oder Forstwirtschaft dienenden Grundstücken regelmäßig der Ertragswert (vgl. Bemerkung 21) zugrunde zu legen; der Steuerpflichtige kann jedoch verlangen, daß statt des Ertragswerts der gemeine Wert (vgl. Bem. 22) zugrunde gelegt wird.

Da dieses Wahlrecht spätestens bis zum Ablauf der mit der Zustellung des Wertfestsetzungs- oder Steuerbescheids eröffneten Rechtsmittelfrist geltend gemacht werden muß, hat das Formblatt aufgefordert, bereits bei der Steuererklärung das Wahlrecht auszuüben. An die einmal getroffene Wahl ist der Abgabepflichtige gebunden.

Das Wahlrecht entfällt für solche land- oder forstwirtschaftliche oder gärtnerisch benutzte Grundstücke, deren Wert bereits durch ihre Lage als Bauland oder als Land zu Verkehrszwecken bestimmt wird oder bei denen nach sonstigen Umständen, insbesondere nach ihrer Lage und Beschaffenheit, ihrem Erwerbspreis oder ihrer Belastung anzunehmen ist, daß sie in absehbarer Zeit anderen als land- oder forstwirtschaftlichen oder gärtnerischen Zwecken dienen werden; in diesen Fällen ist stets der gemeine Wert der Steuerberechnung zugrunde zu legen.

24. Unter Ziff. 2 sind Wohnhäuser jeder Art, einerlei ob städtische oder ländliche Wohnhäuser aufzuführen, nicht jedoch Wohngebäude des seinen land- oder forstwirtschaftlichen Grundbesitz selbst bewirtschaftenden Eigentümers.

Gebäude, die Bestandteile eines gewerblichen Betriebsvermögens sind, sind nicht unter Ziff. 2 aufzuführen, sondern in das Betriebsvermögen unter Ziff. 14 aufzunehmen. Unter Ziff. 2 sollen nur die für gewerbliche Zwecke vermieteten Grundstücke aufgezählt werden.

Auch hier empfiehlt es sich, in einer Beilage zum Formblatt die einzelnen Gebäude nach Wirtschaftseinheiten getrennt aufzuführen; vgl. Bem. 20.

25. Bei Berechnung des Ertragswerts von Wohnhäusern oder für gewerbliche Zwecke vermieteten Grundstücken gilt als Ertragswert das Zwanzigfache des Miet- oder Pachtertrags, der in den letzten drei Jahren 1917, 1918, 1919 im Durchschnitt erzielt worden ist oder im Falle der Vermietung oder Verpachtung hätte erzielt werden können, nach Abzug von $^1/_5$ für Nebenleistungen und Instandhaltungskosten ohne Rücksicht darauf, ob die hierzu notwendigen Arbeiten von dem Steuerpflichtigen selbst oder durch entlehnte fremde Arbeitskräfte geleistet worden sind.

Wenn die Nebenleistungen oder Instandhaltungskosten nicht mehr als $^1/_5$ des Jahres-Miet- oder Pachtertrages ausmachen, ist somit der in den letzten drei Jahren erzielte Durchschnittsmiet- oder Pachtzins mit 16 zu multiplizieren.

Hat eine Vermietung des Gebäudes nicht stattgefunden, so ist der bei der Haussteuer zugrunde gelegte Mietertragsanschlag im Zweifel einzusetzen.

Als Nebenleistungen gelten die Lieferung von Warmwasserheizung, Beleuchtung, Entstaubung. Dagegen ist die Überlassung einer Wohnungseinrichtung zum Gebrauch keine Nebenleistung; der für die Wohnungseinrichtung bezahlte Mietzins, der allenfalls besonders zu ermitteln ist, gilt nicht als Ertrag des Gebäudes.

Aufwendungen, durch welche eine Verbesserung des Gebäudes und damit eine Werterhöhung erzielt wurde, z. B. Einrichtung einer Zentralheizung, Beseitigung des Hausschwammes usw. gelten nicht als Instandhaltungskosten, sondern nur als laufende Reparaturen.

Abschreibungsquoten sind als Posten der Instandhaltungskosten nicht einzusetzen.

Auch wenn Nebenleistungen und Instandhaltungskosten nicht $^1/_5$ der Mieteinnahme ausmachen, kann $^1/_5$ der Mieteinnahmen abgezogen werden.

26. Auch bei Gebäuden hat der Steuerpflichtige das Wahlrecht, an Stelle des Ertragswerts den gemeinen Wert der Steuerberechnung zugrunde legen zu lassen; vgl. Bem. 23.

Es ist darauf hinzuweisen, daß, falls der Abgabepflichtige ein nach dem Ertragswert veranlagtes Grundstück oder Gebäude vor dem 1. Januar 1930 veräußert und der Verkaufspreis den bei der Veranlagung zum Reichsnotopfer angenommenen Steuerwert um ¼ übersteigt, das Grundstück neu zu veranlagen ist.

Der Neuveranlagung ist als Wert des Grundstücks der Verkaufspreis abzüglich der nach dem 31. Dezember 1919 gemachten besonderen Aufwendungen zugrunde zu legen, höchstens aber der gemeine Wert am 31. Dezember 1919.

27. Unter Ziff. 3 sind alle Grundstücke und Gebäude aufzuführen, welche weder als land- oder forstwirtschaftliche oder Gärtnerei-Grundstücke noch als Wohn- oder gewerblichen Zwecken dienende Grundstücke anzusprechen sind.

Die dem land- und forstwirtschaftlichen oder gärtnerischen Betrieb gewidmeten Gebäude sind hier nicht aufzuführen, sondern unter Ziff. 1.

Auch hier empfiehlt es sich in einer Beilage zum Formblatt die einzelnen Grundstücke nach Wirtschaftseinheiten aufzuführen.

28. Bei den in Ziff. 3 aufzuführenden Grundstücken kann der Ertragswert nicht der Steuerberechnung zugrunde gelegt werden. Das Formblatt enthält keinen Hinweis darauf, ob die Rubrik „Ertragswert" hier auszufüllen ist. Die Frage wird jedoch zu bejahen sein, da der Ertragswert ein unterstützendes Moment für die Feststellung des gemeinen Werts bilden kann.

29. Hier ist stets der gemeine Wert anzuführen.

30. Außer den im Formblatt aufgeführten Berechtigungen kommen in Betracht:

> Fährgerechtigkeiten, Schiffmühl- und andere Mühlgerechtigkeiten, Gerechtigkeiten behufs Gewinnung eines den bergrechtlichen Vorschriften nicht unterliegenden Materials, Fischereigerechtigkeiten, Zins- und Bannrechte und alle Gewerbeberechtigungen, endlich Wasserrechte.

Nicht hier aufzuführen sind die zu einem Betriebsvermögen gehörenden Berechtigungen.

31. Bei Feststellung des Verkaufswerts dieser Berechtigungen wird regelmäßig eine Schätzung stattzufinden haben.

32. Die Ziff. 5 mit 11 bilden die aufzuführenden Bestandteile des Kapitalvermögens.

Die Aufzählung im vorliegenden Formblatt ist weit übersichtlicher als in den bisherigen Formblättern.

Nicht unter Ziff. 5 mit 11 sind diejenigen Rechte aufzuführen, welche zum Grund- oder Betriebsvermögen gehören.

33. Bares Geld deutscher Währung und fremde Geldsorten sind hier aufzuführen.

Nach dem Besitzsteuerveranlagungsgesetz vom 30. April 1920 sind alle deutschen Gold- und Silbermünzen mit dem Metallwert und nicht mit dem Währungswert einzusetzen. Bei fremden Gold- und Silbermünzen, z. B. Louisdor, Guinee ist der Wechselkurs vom 31. Dez. 1919 entscheidend.

34. Sowohl inländische wie ausländische Banknoten und Kassenscheine sind aufzuführen. Fremde Geldsorten sind nach dem Wechselkurs vom 31. Dezember 1919 umzurechnen. Notgeld wird hier aufzuführen sein.

35. Der Metallwert ist einzusetzen.

36. Es empfiehlt sich ein Verzeichnis der einzelnen Wertpapiere, Hypotheken und Grundschuldforderungen und sonstigen Kapitalforderungen dem Formblatt beizulegen oder Depotverzeichnisse der Bank anzufügen.

37. Außer den im Formblatt aufgeführten Wertpapieren ist noch hinzuweisen auf Kommunalobligationen, Anteilscheine der Reichsbank und von Kolonialgesellschaften, Genußscheine, welche Anteil am Gewinn gewähren, Interimsscheine und Wertpapiere, die den Aktien gleichstehen (Shares), Schuldbuchforderungen, Losanleihen usw.

38. Soweit bei Wertpapieren in dem amtlichen Steuerkurszettel vom 31. Dezember 1919 Steuerkurse oder Steuerwerte festgestellt sind, sind diese Steuerkurse oder Steuerwerte zugrunde zu legen, im übrigen der Verkaufswert.

Für Aktien ohne Kurswert, Kuxe oder Anteile an einer Bergwerksgesellschaft hat das Finanzamt des Orts der Leitung der Gesellschaft den Verkaufswert zu ermitteln und dem Steuerpflichtigen auf Anfrage mitzuteilen. Fehlt es an genügenden Merkmalen, so ist der gemeine Wert unter Berücksichtigung des Gesamtvermögens und der Ertragsaussichten der Gesellschaft oder Gewerkschaft zu schätzen. Bei der Schätzung sind Sachverständigenausschüsse und Berufsvertretungen heranzuziehen.

Bei Wertpapieren, die mit Gewinnanteilscheinen gehandelt werden, kann vom Steuerkurs, Steuerwert oder Verkaufswert ein Betrag abgezogen werden, der für die seit der Auszahlung des Gewinns verstrichene Zeit dem zuletzt verteilten Gewinn entspricht.

39. Hypothekforderungen im Sinne dieser Ziffer sind nur die sog. gewöhnlichen oder Verkehrshypotheken; bei Sicherungshypotheken ist die gesicherte Forderung in ihrem Bestand am Stichtag unter c aufzuführen.

Eigentümerhypotheken und Eigentümergrundschulden sind hier nicht aufzuführen.

Laufende Zinsen sind kein Vermögen; rückständige Zinsen gelten im Zweifelsfall als Vermögen, wenn es sich um zweijährige oder noch ältere Rückstände handelt.

40. Die Hypothek- und Grundschuldforderungen sind mit dem Nennwert einzusetzen, wenn nicht besondere Umstände einen höheren oder geringeren Wert begründen. In letzterem Falle sind diese Umstände anzugeben.

41. Ob die Kapitalforderungen verzinslich oder unverzinslich sind, ist gleichgültig. Laufende Zinsen sind nicht anzugeben. Inwieweit Rückstände an Zinsen, Pachtgeldern und anderen periodisch wiederkehrenden Hebungen die Natur der Kapitalforderung angenommen haben, ist nach den Verhältnissen des Einzelfalls zu beurteilen. Im Zweifelsfalle wird anzunehmen sein, daß zweijährige und noch ältere Rückstände, sowie Rückstände, zu deren Zahlung der Schuldner rechtskräftig verurteilt ist, Kapitalforderungen sind.

Gleichgültig ist, ob die Forderung verbrieft ist. Auch im Prozeß befangene Forderungen sind aufzuführen; hinsichtlich ihrer Heranziehung zur Steuer kann Aussetzung der Veranlagung beantragt werden.

Bei Annuitätsforderungen ist nur der am 31. Dezember 1919 bestehende Restbetrag der Kapitalforderung aufzuführen.

Die Forderung muß auf eine Geldleistung gerichtet sein.

Außer den im Formblatt aufgeführten Kapitalforderungen kommen noch in Betracht:

> Kaufpreisforderungen, Schadensersatzansprüche, Honoraransprüche der Ärzte und Rechtsanwälte, Rückgriffsrechte des Bürgen gegen den Hauptschuldner, wenn der Bürge für den Hauptschuldner gezahlt hat oder wenn er die von ihm verbürgte Schuld als Passivum in Abzug bringt, Forderungen auf Entschädigung nach Art. 297i des Friedensvertrags.

In einem dem Formblatt beizugebenden Verzeichnis sind die Forderungen einzeln aufzuführen, ferner die Umstände darzulegen, welche eine vom Nennwerte abweichende Bewertung rechtfertigen.

42. Die Forderung ist mit dem Nennwert anzusetzen, falls nicht besondere Umstände einen höheren oder geringeren Wert begründen.

Ein höherer Wert kommt in Betracht, wenn die Forderung auf ausländische Währung lautet; die Umrechnung hat nach dem Wechselkurs vom 31. Dezember 1919 stattzufinden, wenn nicht die Beitreibung der Forderung durch behördliche Maßnahmen eingeschränkt ist. Letzterenfalls ist der Verkaufswert der Forderung zu schätzen.

Ein niedrigerer Wert kommt in Betracht, wenn die Einbringlichkeit der Forderung gefährdet ist. Das Maß der Abschreibung ist nach den Umständen des einzelnen Falls zu bestimmen.

Hinsichtlich der Entschädigungsforderungen nach Art. 297i des Friedensvertrags enthält das Reichsausgleichsgesetz vom 24. April 1920, sowie das sog. Valutenbesteuerungs- oder Ausgleichsbesteuerungsgesetz vom 12. Juni 1920 nähere Vorschriften.

Unverzinslich befristete Forderungen sind mit dem Betrag einzusetzen, der unter Hinzurechnung angemessener Jahreszinsen bis zur Fälligkeit der Forderung sich ergibt.

Unbeitreibbare Forderungen bleiben außer Ansatz.

Aufschiebend bedingte Forderungen sind nach ihrem Werte zu schätzen. Auflösend bedingte Forderungen sind wie unbedingte zu behandeln.

43. In Betracht kommen noch:

Beteiligungen bei Gesellschaften des bürgerlichen Rechts; Anteilrechte bei Versicherungsvereinen; Genußscheine, die zwar keine Gewinnrechte, aber Anteile am Liquidationserlös gewähren.

Die Abgrenzung der Konsortialbeteiligungen der Ziff. 8 von den Beteiligungen an einem Syndikat im Sinne der Ziff. 15 ist schwierig.

44. Soweit für die Anteile ein Steuerwert festgesetzt ist, ist dieser der Bewertung zugrunde zu legen. Im übrigen ist der gemeine oder Verkaufswert maßgebend.

Der gemeine Wert ist unter Berücksichtigung des Gesamtvermögens und der Ertragsaussichten der Gewerkschaft oder Gesellschaft usw. zu schätzen; die stillen Reserven der Gesellschaften sind zu berücksichtigen.

45. Hier sind auch die Ansprüche auf Sachleistung anzuführen, ferner Rechte aus Mietungen.

46. Einzusetzen ist der gemeine oder Verkaufswert, der nötigenfalls im Wege der Schätzung festzusetzen ist.

47. Es sind nur diejenigen Renten und Bezüge anzugeben, die dem Steuerpflichtigen oder seiner Ehefrau auf Lebenszeit oder auf die Lebenszeit eines anderen, auf unbestimmte Zeit oder auf die Dauer von zehn Jahren (einschließlich der bereits verflossenen Zeit) gewährt werden und entweder vertragsmäßig als Gegenleistung für die Hingabe von Vermögenswerten oder aus letztwilligen Verfügungen, Schenkungen oder Familienstiftungen oder durch hausgesetzliche Bestimmungen eingeräumt worden sind.

Nicht aufzuführen sind Ansprüche an Witwen-, Waisen- und Pensionskassen; Ansprüche aus einer Kranken- oder Unfallversicherung, der Reichsversicherung oder der gesetzlichen Versicherung der Angestellten; Renten und ähnliche Bezüge, die mit Rücksicht auf ein früheres Arbeits- oder Dienstverhältnis gewährt werden.

48. Wenn die Nutzung oder Leistung nicht in Geld besteht, ist ihr Geldwert festzustellen. Die Festsetzung des kapitalisierten Betrags ist Aufgabe des Finanzamts.

49. Lebensversicherungen sind auch Erlebensversicherungen.

Kapitalversicherungen sind alle Versicherungen, auf Grund deren dem Versicherten unter allen Umständen eine Kapitalauszahlung gewährleistet wird.

Schadensversicherungen gehören nicht hierher.

50. Noch nicht fällige Ansprüche aus Lebens-, Kapital- oder Rentenversicherungen werden mit $^2/_3$ der bis zum Stichtag eingezahlten Prämien oder Kapitalbeträge berechnet; weist der Steuerpflichtige nach, wofür die Versicherungsanstalt den Versicherungsschein nach ihrer Satzung oder ihren Versicherungsbedingungen zurückkaufen würde, so ist der Rückkaufswert maßgebend.

Ist die Versicherung nach dem 31. Juli 1914 eingegangen, so ist die volle Summe der eingezahlten Prämien oder Kapitalbeträge anzusetzen, falls die jährliche Prämienzahlung den Betrag von 1000 Mk. oder die einmalige Kapitalzahlung den Betrag von 3000 Mk. übersteigt.

Wird die Versicherungssumme in Kriegsanleihe ausbezahlt, so sind die vom Versicherungsnehmer eingezahlten Beträge nach dem Steuerkurse der Kriegsanleihe vom 31. Dezember 1919 umzurechnen.

Fällige Ansprüche aus Versicherungen sind unter Kapitalforderungen anzuführen.

51. Die Fußnote enthält eine beispielsweise Aufzählung der hauptsächlich in Betracht kommenden Gegenstände. Daß Musikinstrumente stets als Luxusgegenstände anzusehen seien, dürfte nicht richtig sein.

In Zweifelsfällen ist bei Beurteilung der Frage, ob es sich um einen Luxusgegenstand handelt oder nicht, entsprechend der mit der Gesetzesvorschrift verfolgten Absicht, den zu treffen, der sein Vermögen in wertvollen Gegenständen angelegt hat, um es der Besteuerung zu entziehen, besondere Bedeutung dem Umstande beizumessen, daß der Gegenstand wieder ohne erhebliche Verluste veräußert werden kann.

52. Gleichartigkeit oder Zusammengehörigkeit von Sachen bestimmt sich nach der Verkehrsanschauung.

53. Der gemeine Wert der Sachen am 31. Dezember 1919, welcher den Anschaffungspreis regelmäßig übersteigen wird, ist anzugeben.

In einem dem Formblatt beizugebenden Verzeichnis sind die einzelnen Gegenstände geteilt aufzuführen.

54. Schulden sind alle dinglichen und persönlichen Schulden, die dem Abgabepflichtigen obliegen. Schulden des Mannes dürfen am Vermögen der beiden Ehegatten abgezogen werden.

Bei Gesamtschuldverhältnissen kann jeder Schuldner die Schuld unter Berücksichtigung seines Rückgriffsrechts gegen Mitschuldner aufführen; entsprechendes gilt für Verpflichtungen aus Bürgschaften und Gefälligkeitsakzepten.

Bei im Prozeß befangenen Schulden ist ein Abzug, soweit der angebliche Schuldner seine Verpflichtung bestreitet, nicht zulässig. Der Schuldner kann Aussetzung der Veranlagung bis zur Entscheidung über das Bestehen seiner Schuld beantragen.

Schulden, die auf ausländische Währung lauten, sind nach dem Wechselkurs am 31. Dezember 1919 umzurechnen.

Nur Kapitalschulden sind aufzuführen, laufende Zinsverbindlichkeiten nicht.

Im Formblatt ist lediglich der Gesamtbetrag aller Schulden und Lasten anzugeben; in einem Verzeichnis sind die Schulden im einzelnen unter Angabe der Gläubiger und des Rechtsgrunds aufzuführen.

Insbesondere sind als Schulden anzugeben die von dem Steuerpflichtigen nach den Kriegsabgabegesetzen von 1918 und 1919 und nach dem Vermögenzuwachssteuergesetz zu entrichtende Steuerbeträge, soweit sie am 31. Dezember 1919 noch nicht bezahlt waren; ferner die von dem Steuerpflichtigen für das Rechnungsjahr 1919 oder für frühere Jahre zu entrichtenden staatlichen, kommunalen und kirchlichen

Steuern und Abgaben, soweit sie am 31. Dezember 1919 noch nicht bezahlt waren; endlich ist die noch zu berechnende oder bereits geforderte Besitzsteuer auf den 31. Dezember 1919 abzugsfähig.

55. Alle Schulden und Lasten, welche nicht mit dem Betriebsvermögen zusammenhängen, sind an dieser Stelle anzugeben. Hypothekenschulden dürfen somit bei Bewertung der Grundstücke oder Gebäude nicht abgezogen werden. Ebensowenig Schulden, die auf kreditweise gekauften Wertpapieren ruhen.

Die Schulden und Lasten, die das Betriebsvermögen treffen (Ziffer 13 mit 16), sind bei der Bewertung des Betriebsvermögens abzuziehen; soweit ein solcher Abzug nicht erfolgt, sind sie anschließend an Ziffer 16 aufzuführen.

56. Der sogenannte Dreimonatsbedarf wurde in den bisherigen Steuererklärungen an den Bankguthaben oder am Bargeld in Abzug gebracht. Da über die Auslegung des Begriffs des Dreimonatsabzugs Unklarheiten bestanden, hat der Abgabepflichtige den Abzug nicht selbst zu machen, sondern an vorliegender Stelle den Betrag, den er in Abzug bringen will, gesondert anzugeben.

Durch das Formblatt ist im Einklang mit der bisherigen Praxis der Steuerbehörden klargestellt, daß nur die zur Bestreitung laufender Ausgaben nicht geschäftlicher oder beruflicher Art für drei Monate erforderlichen Beträge in Abzug gebracht werden dürfen und daß die während dieser Zeit erzielten Einnahmen vom Dreimonatsbedarf abzuziehen sind, demnach nicht als Schulden in Abrechnung kommen.

Die Beträge, die für den Dreimonatsbedarf in Anspruch genommen werden, müssen aus den laufenden Jahreseinkünften stammen.

57. Da die sogenannten Haushaltungsschulden, d. h. die zur Bestreitung der laufenden Haushaltungskosten eingegangenen Schulden nicht abzugsfähig sind, sind sie im Formblatt nicht zu berücksichtigen; ebensowenig sind zu berücksichtigen Schulden und Lasten, die in wirtschaftlicher Beziehung zu nicht abgabepflichtigen Vermögensteilen stehen.

Als Haushaltungsschulden gelten alle Aufwendungen zur Bestreitung des Haushalts des Steuerpflichtigen, des Unterhalts seiner Haushaltungsangehörigen, zur Befriedigung persönlicher Bedürfnisse, wie Wohnung, Nahrung, Kleidung, Bedienung, Pflege und Erziehung, auch unbezahlte Kosten einer ärztlichen Operation.

Bei beschränkter Abgabepflicht dürfen nur diejenigen Schulden und Lasten in Abzug gebracht werden, die in wirtschaftlicher Beziehung zu den steuerbaren Vermögensteilen stehen.

Soweit der Steuerpflichtige Renten und andere wiederkehrende Leistungen zu entrichten hat, sind die unter Ziffer 10 des Formblatts bezeichneten Angaben zu machen. Abzugsfähig sind jedoch nur solche Renten und andere wiederkehrenden Leistungen, die der Bezugsberechtigte seinerseits als Vermögen in seiner Steuererklärung anzugeben hat; vgl. Bem. 47 zu Formblatt 8.

58. Diese Rubrik ergibt die Endziffer des Grund- und Kapitalvermögens nach Abzug der nicht auf Betriebsvermögen ruhenden Schulden und Lasten.

59. Lebendes und totes Inventar, das der Bewirtschaftung eigenen Landes dient, wird mit dem Grundstück gemeinsam bewertet; lebendes und totes Inventar, das der Bewirtschaftung von gepachtetem Land dient, gilt als Betriebsvermögen des Pächters.

60. Bei der Bewertung des Inventars ist davon auszugehen, daß die Inventarstücke nicht veräußert werden, sondern weiterhin Betriebszwecken gewidmet bleiben.

61. Die Angabe dient Kontrollzwecken hinsichtlich der Angemessenheit der Bewertung.

62. Das gewerbliche Betriebsvermögen umfaßt alle dem Betrieb des Bergbaues oder eines Gewerbes gewidmeten Gegenstände. Dauernde Widmung ist nicht verlangt, die tatsächliche, unmittelbare oder mittelbare Widmung entscheidet.

Die Zurechnung zum Betriebsvermögen ist für das Notopfer von besonderer Bedeutung, da das Notopfer vom Betriebsvermögen natürlicher Personen nur mit 80 % des Werts für die Steuerveranlagung angesetzt wird.

Das Betriebsvermögen umfaßt Sachen und Rechte; sog. immaterielle Güter, wie Firma, Kundschaft usw. werden nur dann berücksichtigt, wenn sie in der Bilanz aufgeführt sind, was regelmäßig bei entgeltlichem Erwerb solcher immaterieller Güter der Fall ist.

63. In Betracht kommen noch: Industrieunternehmungen, Bauunternehmungen, Immobilienhandelsunternehmungen, Theaterunternehmungen usw.

64. Zwecks Behebung von Zweifeln ist ausdrücklich hervorgehoben, daß eigene Grundstücke und Gebäude, die dem Betriebe des Gewerbes dienen, zum Betriebsvermögen, nicht zum Grundvermögen gehören.

65. Nicht notwendig ist, daß das Geldkapital dauernd für den Bergbau oder Gewerbebetrieb erforderlich ist. Insbesondere bei sogenannten Saisongeschäften kann das Geldkapital längere Zeit für den Betrieb entbehrlich und Bankanlage sein, ohne daß hierdurch seine Natur als Betriebskapital beeinflußt wird.

66. Einzusetzen ist der gemeine Wert des Betriebsvermögens. Der gemeine Wert ist der Verkaufswert, der unter der Voraussetzung, daß das Unternehmen bei der Veräußerung nicht aufgelöst, sondern weitergeführt wird, erzielt werden kann. Der Wert des Betriebsvermögens als einheitliches Ganzes ist zu ermitteln; die Einzelwerte kommen nur als Rechnungsfaktoren in Betracht.

Hinsichtlich der Einzelbewertung sind folgende Grundsätze zu beachten:

> Für die Bewertung der dauernd dem Betrieb gewidmeten Gegenstände ist der Anschaffungs- oder Herstellungspreis abzüglich angemessener Abnutzung maßgebend, unter Zulassung des Ansatzes eines niedrigeren Werts, wenn dieser dem wirklichen Wert zur Zeit der Bilanzaufstellung entspricht.
>
> Bei Warenvorräten, Rohstoffen, Halb- und Ganzfabrikaten (sog. umlaufendes Betriebsvermögen) werden die im Engrosverkauf erzielbaren Preise für die Bewertung maßgebend

sein. Unzulässig ist die Aufnahme dieses umlaufenden Betriebsvermögens zu den Einstandskosten, wenn der gemeine Wert am Stichtag ein höherer war.

Forderungen sind, wenn nicht besondere Umstände vorliegen, die eine höhere oder niedrigere Bewertung begründen (vgl. Bem. 42), zum Nennwert aufzunehmen.

Abschreibungen sind zulässig, soweit sie einem der Abnützung angemessenen Minderwert entsprechen.

Rücklagen für künftige mögliche oder wahrscheinliche Verluste sind nicht zulässig, es sei denn, daß künftige Verluste schon einen gegenwärtigen Minderwert begründen.

Ein Umstellungskonto ist als Wertberichtigungskonto zulässig, wenn das Unternehmen gegenüber dem bilanzmäßigen Reinvermögen am Stichtag tatsächlich einen Minderwert hat.

Der Wert des im Ausland außerhalb der alten Grenze des Deutschen Reichs liegenden Betriebsvermögens ist in der Währung des Landes zu schätzen, in dem es sich befindet. Da nach dem Vordruck des Formblattes der Wert in Reichsmark anzugeben ist, hat der Abgabepflichtige den Wert sowohl in ausländischer Währung wie in deutscher Reichsmark aufzuführen. Er kann, falls er oder sein Erblasser das ausländische Betriebsvermögen bereits am 30. Juli 1914 besessen hat, beantragen, daß das Vermögen für die Feststellung des Notopfers nach dem Vorkriegskurs in deutsche Währung umzurechnen sei.

Maßgebend ist der Wert am Stichtag, d. i. 31. Dezember 1919. Bei Betrieben, bei denen regelmäßige jährliche Abschlüsse stattfinden, kann der Vermögensstand am Schlusse desjenigen Wirtschafts- oder Rechnungsjahres zugrunde gelegt werden, dessen Ende in die Zeit zwischen 1. April 1919 und 31. März 1920 fällt. Auch solche Betriebe, die handelsgesetzlich nicht zur Führung von Handelsbüchern verpflichtet sind, können eine Bilanz vorlegen, wenn sie eine ordnungsmäßige Buchführung haben.

Die seit dem Schlusse des maßgebenden Geschäftsjahres bis zum 31. Dezember 1919 etwa eingetretenen Verschiebungen zwischen dem im Betrieb angelegten Vermögen und dem sonstigen Vermögen des Abgabepflichtigen sind zu berücksichtigen.

Steuerpflichtige, die als Inhaber eines Betriebs von dem Rechte, den regelmäßigen jährlichen Abschluß zugrunde zu legen, Gebrauch machen, haben der Steuererklärung den Geschäftsabschluß für das letzte Rechnungs- oder Wirtschaftsjahr beizufügen.

67. Bergbauliche oder gewerbliche Betriebe, die von mehreren Mitunternehmern in Form der offenen Handelsgesellschaft, Kommanditgesellschaft, von Syndikaten und ähnlichen Erwerbsvereinigungen geführt werden, sind in der Weise zur Steuer anzugeben, daß jeder Mitunternehmer seinen Anteil am Betriebsvermögen angibt.

Auch für diesen Anteil am Betriebsvermögen gilt die Vorschrift, daß bei natürlichen Personen das Notopfer nur aus 80% des Werts zu veranlagen ist. Die Erwerbsvereinigung selbst hat keine Steuererklärung abzugeben.

68. Die bisherigen Vermögenssteuergesetze erfaßten **Vorräte**, die während des Kriegs in einer der Volkswirtschaft schädlichen Weise angehäuft wurden, nicht. Da ferner in Zeiten des Rückgangs der deutschen Valuta in Flucht vor der Reichsmark Vorräte aller Art von allen möglichen Personen aufgekauft wurden, werden dem Reichsnotopfer alle Vorräte jeglicher Art unterworfen, die zur Weiterveräußerung bestimmt sind.

Selbstverständlich sind hier nur solche Vorräte anzuführen, die nicht bereits als Bestandteil eines Betriebsvermögens anderweit angegeben sind.

69. Einzusetzen ist der **Verkaufswert** dieser Vorräte am 31. Dezember 1919.

70. Aufzuführen sind hier diejenigen Schulden und Lasten, die nicht bei Ziffer 12 unter a bereits aufgeführt und bei der Bewertung des Betriebsvermögens bereits berücksichtigt sind.

71. Zu den **Edelsteinen** gehören Diamanten, Smaragden, Saphire, Rubine, Opale usw., nicht aber Halbedelsteine.

72. Gegenstände aus **Edelmetall** sind Gold-, Silber- und Platinsachen. Beimischung anderer Metalle ist nicht zu berücksichtigen, soweit das Edelmetall wirtschaftlich die Hauptsache bleibt.

73. Aufzuführen sind also nicht solche Edelsteine, Perlen und Metallgegenstände, die **nach dem 31. Juli 1914 entgeltlich** erworben wurden oder in ihrer Gesamtheit den Anschaffungspreis von 20 000 ℳ nicht übersteigen. Nach dem 1. August 1914 unentgeltlich erworbene Gegenstände sind hier anzuführen, ebenso der sog. alte Familienbesitz.

74. Anzugeben ist der **Verkaufswert** am 31. Dezember 1919; wenn jedoch die Gegenstände einen Gesamtanschaffungspreis unter 20 000 ℳ hatten, entfällt die Aufführungspflicht auch dann, wenn am 31. Dezember 1919 infolge des gesunkenen Geldwertes der Verkaufswert den Betrag von 20 000 ℳ überstieg.

Von dem angegebenen Werte wird eine Steuer von nur 10% erhoben; das Notopfer wird in ganzer Höhe nachveranlagt, wenn die Gegenstände innerhalb 30 Jahre nach dem 31. Dezember 1919 veräußert werden.

75. Nach den Bestimmungen des **Friedensvertrags** haben sich die alliierten und assoziierten Mächte das Recht vorbehalten, alles Eigentum, alle Rechte und Interessen, die sich am Tage des Inkrafttretens des Friedensvertrages auf deutsche Reichsangehörige beziehen und in ihren Gebieten liegen, zurückzubehalten und zu liquidieren. Deutschland hat sich im Friedensvertrag verpflichtet, seine Reichsangehörigen hinsichtlich der Liquidation oder der Zurückhaltung ihres Eigentums, ihrer Rechte oder Interessen in alliierten und assoziierten Ländern zu entschädigen.

Diese steuerpflichtigen **Entschädigungsansprüche** sind dem ermittelten Vermögen erst nach Feststellung ihrer Höhe hinzuzurechnen. Infolgedessen ist im Formblatt bei der Zusammenstellung des Werts des Gesamtvermögens für diese Entschädigungsansprüche ein Wert nicht einzusetzen. Die Angabe der am 31. Dezember 1919 und am Tage der Einreichung der Steuererklärung bestehenden Entschädigungsansprüche dient der späteren Festsetzung des Reichsnotopfers hinsichtlich dieser Ansprüche, sowie dem Vollzug des Valutenbesteuerungsgesetzes.

Die Beantwortung der unter Ziffer 18 gestellten Fragen dürfte großen Schwierigkeiten unterliegen und vielfach bis zum 28. August 1920 unmöglich sein.

76. Hier ist die Gesamtsumme des steuerbaren Reinvermögens ohne die nach dem Gesetz vorgeschriebenen Zurechnungen aufzuführen; dagegen sind in der Endsumme die geschenkt oder unentgeltlich empfangenen Gegenstände mit inbegriffen.

77. Unter B sind Einzelfragen gestellt, welche der Feststellung der Zurechnungen und Abminderungen, sowie der Kontrolle dienen und die Prüfung der Anwendbarkeit der Begünstigungsvorschriften ermöglichen sollen.

78. Öffentliche und private Banken und Zweigniederlassungen von Banken, ferner Sparkassen, alle Personen, die gewerbsmäßig Bank- oder Bankiergeschäfte betreiben, insbesondere auch Wertsachen offen und geschlossen verwahren oder Schließfächer oder ähnliche zur Verwahrung von Wertsachen geeignete Behältnisse anderen überlassen, endlich Hinterlegungsstellen, Postscheckämter und Schuldbuchverwaltungen sind verpflichtet, den für sie zuständigen Finanzämtern ein Verzeichnis ihrer Kunden zu übermitteln und jeweils halbjährig die Zugänge anzuzeigen. Als Kunde gilt, wer bei der Bank usw. Wertsachen, ein verschlossenes Depot, ein Schließfach, ein Guthaben oder ein laufendes Konto hat.

Das Formblatt 8 hat versehentlich im Gegensatz zu Formblatt 9 die Aufführung der verschlossenen Depots unterlassen.

Auf wessen Namen das Konto lautet oder das Depot aufbewahrt wird, ist gleichgültig: materielle Inhaberschaft entscheidet.

79. Die Banken usw. sind einzeln aufzuführen.

80. Der Rentenanspruch wegen Verlustes der Erwerbsfähigkeit ist abgabefrei; ebenso auch die in Form der Kapitalabfindung gewährte Entschädigung. In welchem Zeitpunkt die Kapitalabfindung gewährt wurde, ist belanglos. Die Kapitalabfindung, die im Falle der Tötung eines Angehörigen gewährt wurde, ist nicht aufzuführen, da sie im Gegensatz zum Vermögenszuwachssteuergesetz nicht abzugsfähig ist. Die Abfindung der Kriegsbeschädigten ist hier anzugeben.

81. Nur die Abfindung der Kapitulanten (Unteroffiziere, Feldwebelleutnants, Heeresbeamte auf Widerruf), nicht die Abfindung der infolge der Verminderung der Wehrmacht aus dem Heere, der Marine und den Schutztruppen ausscheidenden Offiziere und Deckoffiziere ist aufzuführen.

82. Die Beantwortung dieser Frage wird vielfach unmöglich sein; die in Geld gezahlte Abfindung kann bereits verschiedene Anlageformen durchlaufen haben.

83. Die Frage hat nur für diejenigen Sicherungshypotheken Bedeutung, welche Höchstbetragshypotheken sind. Durch die Frage soll verhütet werden, daß der nicht durch eine effektive Schuld des Abgabepflichtigen ausgefüllte Höchstbetrag in Abzug gelangt.

84. Bei allen Abgabepflichtigen, die infolge des Kriegs Kleidungsstücke oder Haushaltungsgegenstände verloren haben, bleibt, soweit noch keine Neuanschaffung am 31. Dezember 1919 erfolgt war, das Vermögen in Höhe des Werts der verlorenen Kleidungsstücke und Haushaltungsgegenstände, jedoch nicht über 50 000 ℳ hinaus, abgabenfrei.

Dem Verlust dieser Gegenstände steht die Veräußerung unter feindlichem Zwange gleich.

85. Maßgebend ist der Wert, den die zu Verlust gegangenen Gegenstände am 31. Dezember 1919 gehabt haben würden.

86. Ziffer V enthält sowohl die dem steuerbaren Vermögen zuzurechnenden Schenkungen und unentgeltlichen Zuwendungen, wie die vom steuerbaren Vermögen abzuziehenden empfangenen Schenkungen und unentgeltlichen Leistungen. Der Abzug hat nicht vom Steuerpflichtigen, sondern vom Finanzamt zu erfolgen.

87. Ob die Schenkung am 1. Januar 1917 schon vollzogen war, ist gleichgültig.

88. Kinder, Enkel usw., auch wenn sie nicht gemeinschaftliche Abkömmlinge des Abgabepflichtigen und seiner Ehefrau sind. Nicht Adoptivkinder.

89. Schenkungen sind unentgeltliche Zuwendungen in Bereicherungsabsicht. Alle Schenkungen sind anzugeben, auch die nach dem Reichsnotopfergesetz abgabefreien. Folglich sind auch anzugeben: fortlaufende schenkungsweise Zuwendungen zum Zwecke des angemessenen Unterhalts oder der Ausbildung des Bedachten; übliche Gelegenheitsgeschenke; Schenkungen im Werte von weniger als 1000 ℳ. Die Entscheidung über die Steuerpflicht obliegt dem Finanzamt. Die Aufführung aller üblichen Gelegenheitsgeschenke wird praktisch nicht durchzuführen sein. Schenkungen von Gegenständen, die nicht zum steuerbaren Vermögen gehören (z. B. Hausrat), sind weder dem Schenker noch dem Bedachten zuzurechnen.

90. Der geschenkte Gegenstand ist nach den Grundsätzen zu bewerten, die anzuwenden gewesen wären, wenn die Schenkung nicht stattgefunden hätte.

Der Abgabepflichtige kann nachweisen, daß der Bedachte am 31. Dezember 1919 nicht mehr in der vollen Höhe des Werts des geschenkten Gegenstands bereichert ist. Dann wird nur der Betrag der vorhandenen Bereicherung zugerechnet.

91. Den Schenkungen stehen solche Zuwendungen gleich, bei denen die Gegenleistung erheblich unter dem Werte der Leistung zurückbleibt und die Absicht besteht, den Empfänger zu bereichern. Gegenleistungen, die keinen Geldwert haben, werden nicht berücksichtigt.

92. Das Formblatt hebt zur Abschneidung von Zweifeln hervor, daß die Aussteuer (Möbel, Wäsche usw.) nicht als bereichernde Zuwendung gilt, wohl aber die Ausstattung (Mitgift).

93. Vgl. Bem. 90. Der anzurechnende Wert mindert sich um den Betrag etwaiger geldwerter Gegenleistungen.

94. Stiftungen der genannten Art lassen die Absicht der Steuerumgehung deutlich erkennen; daher ist ihre Zurechnung zum steuerbaren Vermögen vorgeschrieben.

95. Nur die von Verwandten in gerader Linie erhaltenen Geschenke sind anzugeben. Da die Schenkung dem Geber zugerechnet wird, ist sie vom steuerbaren Vermögen des Bedachten abzuziehen.

96. Nach den in der Fußnote abgedruckten Bestimmungen des Reichsnotopfergesetzes ist unter gewissen Voraussetzungen bei Vermögen von nicht mehr als 150 000 ℳ ein Abzug gestattet und kann unter Umständen die Steuer ganz oder teilweise zinslos gestundet werden. Frage VII will die Voraussetzungen dieser Begünstigungen klären.

97. Die Pensionsberechtigung schließt den Abzug nicht aus. Pensionsansprüche müssen bestehen.

98. Abgabepflichtig ist nur der den Betrag von 5000 ℳ übersteigende Teil des Vermögens. Soweit das Vermögen von Ehegatten zusammenzurechnen ist, ermäßigt sich das abgabepflichtige Vermögen um weitere 5000 ℳ.

99. Die Frage will die Kontrolle ermöglichen, ob der Ehegattenabzug gerechtfertigt ist, d. h. ob die Steuererklärung das gesamte Vermögen beider Ehegatten enthält.

100. Die Fragen dienen der Feststellung des zulässigen Kinderabzugs.

101. Adoptivkinder sind nicht Kinder im Sinne der Frage, wohl aber eheliche Kinder der Mutter.

102. In diesem Falle hat der Reichsminister der Finanzen zu bestimmen, inwieweit die Vergünstigung des Kinderabzugs den einzelnen Ehegatten zuzubilligen ist.

103. Die Frage will die Kontrolle ermöglichen, inwieweit minderjährige Kinder zum Reichsnotopfer zu veranlagen sind.

104. Mit der Frage wird ein doppelter Zweck verfolgt: zunächst kann von dem zuständigen Finanzamt der Wehrbeitragsakt erholt und somit im Zusammenhalt mit der Vermögenszuwachs-Steuererklärung eine Kontrolle der Vollständigkeit der Steuererklärung ausgeübt werden. Sodann ist der am 31. Dezember 1913 innegehabte Wohnsitz für die Abgabepflichtigen von Bedeutung.

105. Der Abgabepflichtige hat entsprechend den Vorschriften der Reichsabgabenordnung die von ihm in der Steuererklärung behaupteten Tatsachen unter Umständen durch eidesstattliche Versicherung zu erhärten. Die Versicherung der Richtigkeit der Angaben bezieht sich auch auf beigefügte Bescheinigungen oder Vermögensaufstellungen.

106. Da die Ehegatten für das Reichsnotopfer als Gesamtschuldner haften, kann das Finanzamt entsprechend den Vorschriften der Reichsabgabenordnung verlangen, daß beide Ehegatten die Steuererklärung abgeben; die Versicherung, die Angabe nach bestem Wissen und Gewissen gemacht zu haben, gilt auch für die mitunterzeichnende Ehefrau.

Im Hinblick auf die weittragenden Folgen einer unrichtigen Angabe (Geldstrafen, Gefängnis, Verfall verschwiegenen Vermögens) erschien es notwendig, auch die Unterschrift der Ehefrau einzuholen.

Formblatt 9[1]

für die Steuererklärung **juristischer Personen.**

Bis zum 28. August 1920 ausgefüllt zurückzureichen (vgl. Vorbemerkung Nr. 2).[2] Die Abgabe der Steuererklärung kann nach § 202 der Reichsabgabenordnung erzwungen werden.[3]

Finanzamt[4] ....

Reichsnotopferliste .... Nr. .....

Steuererklärung[5]
(Steuerpflichtige aus § 2 Abs. 1 Nr. 4 des Gesetzes)

Steuererklärung

für die Veranlagung de ....
(Firma)[6]

in ....
(Sitz der Firma)[7]

zum Reichsnotopfer

Vorbemerkungen

1. Die Ausfüllung des Vordrucks hat so zu erfolgen, daß die Prüfung, was steuerpflichtig ist und was nicht, dem Finanzamt ermöglicht wird.

2. Die Steuererklärung ist, falls eine Nachfrist nicht bewilligt wird, bis zum 28. August 1920 zurückzureichen. Die Einsendung erfolgt auf Gefahr des Steuerpflichtigen und deshalb zweckmäßig mittels Einschreibebriefs. Bei verspäteter Abgabe der Steuererklärung kann ein Zuschlag bis zu 10 v. H. der endgültig festgesetzten Steuer auferlegt werden.

3. Auf Verlangen haben die Vertreter des Steuerpflichtigen die Richtigkeit ihrer Angaben nachzuweisen; auch können sie von dem Finanzamt zur mündlichen Vernehmung vorgeladen und mit Genehmigung des Landesfinanzamts zur Abgabe einer eidesstattlichen Versicherung über die von ihnen behaupteten Tatsachen angehalten werden.

4. Die Hinterziehung der Steuer, die Begünstigung oder Beihilfe hierzu, der Versuch der Hinterziehung und die Steuerhehlerei werden mit Geldstrafe vom einfachen bis zum dreifachen Betrage der hinterzogenen Steuer sowie mit Gefängnis und Verlust der bürgerlichen Ehrenrechte bestraft; auch kann die Bestrafung auf Kosten des Verurteilten öffentlich bekanntgemacht werden. **Vermögen, das bei der Veranlagung zum Reichsnotopfer vorsätzlich verschwiegen wird, verfällt zugunsten des Reichs.**

Unrichtige Angaben erstattet auch derjenige, der Punkte des Vordrucks durchstreicht, obwohl er eine Erklärung hätte abgeben sollen. Unvollständig ist die Erklärung auch dann, wenn der Vordruck ganz oder teilweise nicht ausgefüllt wird.

A. Vermögenserklärung.[8]

Am — 31. Dezember 1919 —*) .... 19.....[9] hat das bewegliche und unbewegliche Rohvermögen (Aktivvermögen)[10] der vorseitig benannten Firma nach der in Abschrift beiliegenden Bilanz[11] einen Wert gehabt von .... ℳ

Hiervon sind abzuziehen**):[12]

a) die dinglichen und persönlichen Schulden und Lasten,[13] die in der Bilanz unter den Bezeichnungen[14] .... aufgeführt sind, im Gesamtwert[15] von . . . . ℳ

b) der Betrag[16] des eingezahlten[17] Grund- oder Stammkapitals[18] oder der nach § 17 Abs. 2 des Gesetzes über das Reichsnotopfer an seine Stelle tretende Betrag[19] mit . . . . ℳ

Dieser an die Stelle des Grund- oder Stammkapitals tretende Betrag ist wie folgt berechnet worden:[20]

....

....

....

c) die Rücklagen[21] für ausschließlich gemeinnützige[22] oder Wohlfahrtszwecke,[23] deren Verwendung zu solchen Zwecken als gesichert[24] anzusehen ist, mit .... ℳ

Die Verwendung zu den genannten Zwecken ist gesichert, weil[25] ....

....

....

Zu d ist nur bei Versicherungsgesellschaften u. Versicherungsvereinen auszufüllen.

d) die Rücklagen für die Versicherungssummen und für die den Versicherten selbst als sogenannte Dividende zurückzugewährenden Prämienüberschüsse mit[26] . . . . ℳ

zusammen .... ℳ

bleiben .... ℳ

---

*) Falls bei der Firma regelmäßig jährliche Abschlüsse stattfinden und sie ihr Wirtschaftsjahr nicht mit dem 31. Dezember 1919 schließt, kann der obigen Vermögenserklärung der Vermögensstand am Schlusse desjenigen Wirtschafts- oder Rechnungsjahrs zugrunde gelegt werden, dessen Ende in die Zeit zwischen 1. April 1919 und 31. März 1920 fällt. Wird hiervon Gebrauch gemacht, so ist in dem Vordruck der 31. Dezember 1919 zu durchstreichen und an dessen Stelle der Schlußtag des in Frage kommenden Wirtschafts- oder Rechnungsjahrs einzusetzen sowie am Schlusse der Vermögenserklärung zu versicheru, daß das Wirtschaftsjahr bei der Firma mit dem unter A angegebenen Tagen schließt.

Für Gesellschaften, die auf Grund der Verordnung vom 25. Februar 1915 (Reichs-Gesetzbl. S. 123) für das laufende Geschäftsjahr von der Aufstellung einer Bilanz befreit sind, ist der Vermögensstand am Schlusse desjenigen Geschäftsjahrs zugrunde zu legen, für welches die Befreiung nicht mehr gilt; im übrigen gilt für solche Gesellschaften das im vorhergehenden Absatz Gesagte.

**) Schulden und Lasten. die in wirtschaftlicher Beziehung zu nicht steuerpflichtigen Vermögensteilen stehen, sind nicht abzugsfähig. Wird die Steuer nur von dem inländischen Grund- und Betriebsvermögen erhoben (§ 3 des Gesetzes über das Reichsnotopfer), so sind nur die in einer wirtschaftlichen Beziehung zu diesen Vermögensteilen stehenden Schulden und Lasten abzugsfähig.

B. Darlegung der für die Bewertung in Betracht kommenden Verhältnisse.[8]

(Sämtliche Fragen sind genau zu beantworten.)

Fragen:	Antworten:
I. Sind die Bilanzen und Gewinn- und Verlustrechnungen für die dem Wirtschaftsjahre 1919[27] vorhergehenden beiden Jahre dem Finanzamt[28] bereits eingereicht,[29] und zwar wann und unter welchem Aktenzeichen? Verneinendenfalls sind sie nunmehr in Abschrift der Steuererklärung beizufügen.	Zu I:
II. Sind nur die unter A und B I bezeichnetgn Bilanzen nnd Gewinn- und Verlustrechnungen oder sind noch andere (insbesondere für den inneren Betrieb bestimmte) aufgestellt worden?[30] Bejahendenfalls sind auch diese in Abschrift der Steuerklärung beizufügen, falls sie dem Finanzamt noch nicht eingereicht sind.	Zu II:
III a) Nach welchen Grundsätzen sind die Vermögensgegenstände (insbesondere das Warenlager (bewertet worden, die in den unter A und B I bezeichneten Bilanzen enthalten sind (vgl. auch Frage VI und VII)?[31] Sind sämtliche Vermögensgegenstände mit dem tatsächlichen Werte berücksichtigt oder sind die Aktiven unter- oder die Passiven überbewertet worden, und zwar welche und in welcher Höhe (vgl. auch Frage IV, V, VI, VII, VIII)?[32]	Zu III a:
b) Sind in die Bilanzen[33] Aktivposten nicht aufgenommen worden,[34] und zwar welche, mit welchem Werte und in welcher Bilanz (vgl. auch Frage IV und VIII)?	Zu III b:

Nur insoweit zu beantworten, als unter IV bis VIII nicht besonders darzulegen.

Kolibri 360 GmbH
Ferdinand-Jühlke-Straße 7
99095 Erfurt, Deutschland
produktsicherheit@kolibri360.de